Er teilte uns gerne ein in süße Gurken und saure Gurken

Schulgeschichten
aus der Diesterwegschule in Ahlen
erzählt von Ilse W. Blomberg, geb. Marks.

Bildmaterial zugefügt von Georg Schmiele,
Christian Wolff, Ilse W. Blomberg.

Bildbearbeitung, Layout: M. Blomberg.

"Kleine Geschichte der Diesterwegschule" recherchiert
und aufgearbeitet von Jürgen Rheker

Herstellung und Verlag:
Books on Demand GmbH, Norderstedt
ISBN 978-3-8391-0483-5

Vorwort:

In einem persönlichen Gespräch, das später in eine Geschichte einfloss, sagte mir Frau Josefa Fröchte, Jahrgang 1917: "Ja, ich erinnere mich gerne an meine Schulzeit und an meine Lehrerin. Sie ging oft mit uns ins Freie."
Auch ich erinnere mich gerne an meine Zeit an der Diesterwegschule und an besonders engagierte Lehrer. Obwohl Herr Soboll ein sehr strenger Lehrer war, verdanke ich ihm, dass ich ab dem 5. Schuljahr Englisch lernen durfte und in dem Theaterstück: "The year around" (1953) den "April" vorstellen konnte. Frau Mühlenbrock verdanke ich das Interesse an klassischer Literatur. Wir lasen nicht nur "Wilhelm Tell", wir fuhren auch zur Aufführung nach Bielefeld. Das zum Tell passende Lied: "Lueget vo Berg-n und Tal" kann ich heute noch singen. An Herrn Dieckel durfte ich erkennen, dass Unterrichten Spaß macht. Ich habe ihn stets gut gelaunt in Erinnerung und natürlich auch in Lederhose. Ich hoffe, dass Herr Metzner es ernst meinte, als er sagte, ich sänge wie ein Christkindchen. Jedenfalls habe ich ihm das nicht vergessen und mir das Singen mit meinen Schülern zum Hauptanliegen gemacht. Am letzten Tag meiner Volksschulzeit verabschiedete sich Herr Schmiele von mir und noch vier weiteren Schülerinnen mit folgendem Bedauern: "Es ist eine Schande, dass ihr nicht auf dem Gymnasium seid."

Lange Zeit habe ich das genau so gesehen. Fließende Übergänge gab es damals nicht. Heute weiß ich, dass jeder Weg eines Menschen seinen Sinn hat und dieser Schulweg war eben mein "Sinnweg". Und auf diesem Schulweg an der Diesterwegschule bin ich Lehrern begegnet, die sich zum Ziel gesetzt hatten, Schüler zu fördern und zu ermutigen. (Die meisten jedenfalls.) Und ich bedanke mich mit diesem kleinen Büchlein dafür.
Ebenfalls danke ich Herrn Rheker, Herrn Wolff und meinem Sohn Martin für die Unterstützung und Ergänzung, damit alles gut gelingen konnte. Danke auch an Herrn Schmiele und meinen ehemaligen Mitschüler Hans Neuperger. Beide haben mir Bildmaterial zur Verfügung gestellt.

Viel Freude beim Lesen meiner Schulgeschichten, viel Freude bei der historischen Recherche und beim Betrachten der Bilder.

Ihre Ilse Blomberg

Inhaltsverzeichnis   1. Teil

Inhaltsverzeichnis   2. Teil

Der erste Schultag

Ob ich am ersten Schultag im April 1948 eine Schultüte mit zur Schule bekam, das weiß ich nicht mehr. Ein Foto gibt es nicht. Aber wie ich ausgesehen habe an diesem Tag, das weiß ich von anderen Bildern.

Meine Haare waren in der Mitte gescheitelt, zu zwei Zöpfen geflochten und diese zu Affenschaukeln geformt. Zwei weiße Schleifen hielten sie zusammen. Über Rock, Bluse und Jacke habe ich ein Mäntelchen getragen und lange weiße Strümpfe angehabt. Die Schuhe waren aus dunklem Leder.

Aber, wenn ich auch kein Foto habe, das mir über mein tatsächliches Aussehen an diesem Tag und eine eventuell vorhandene Schultüte genau Auskunft gibt, so weiß ich etwas doch ganz genau, wie es damals in mir aussah. Noch heute fühle ich meine Angst. Die Angst bezog sich nicht darauf, dass ich jetzt zur Schule musste, nein sie bezog sich auf eine Lehrperson, von der mir mein ein Jahr älterer Vetter Herbert erzählt hatte:

"Sie hat immer einen weißen Kittel an. Ihre Haare sind ganz grau. Hinten im Nacken hat sie einen Knoten. Sie schreit viel rum. In der Hand hält sie einen Stock. Sie schlägt auch damit. Manchmal erteilt sie Ohrfeigen oder

sie kneift dich. Sie ist die strengste Lehrerin der Schule, nein, glaub mir, der ganzen Welt."

Sie, so fühlte ich, würde meine Lehrerin werden. Und so zitterte ich dem Tag der Offenbarung entgegen. Der erste Schultag kam und ich ging tapfer an der Hand meiner Mutter zum ersten Mal diesen Schulweg, zum ersten Mal in diese Schule.

Zwei steinerne Treppen führten in den ersten Stock. Am Ende jeder Treppe wartete eine Lehrperson. Wir standen noch unten und blickten nach oben. Da stand ein alter, sehr freundlich aussehender Herr und eine Dame im weißen Kittel. Das war sie, da war ich ganz sicher, und ich würde ihre Schülerin werden.

Aber es kam doch anders. Mein Name wurde aufgerufen und ich gehörte in die Klasse des freundlichen Herrn.

Das Kollegium der Diesterwegschule stellte sich Anfang der fünfziger Jahre zu einem Gruppenfoto auf.

v.l.n.r.
1. Reihe:
Frau Maschmann, Frau Werner, Frau Voltmar, Frau Röhricht, Herr Germer, Herr Teutenberg.

2. Reihe:
Herr Rektor Lenfert, Frau Kroll, Herr Altena, Herr Rath, Herr Dieckel, Frau Mühlenbrock, Herr Metzner, Herr Schmiele.

Unsere vom Krieg zerstörte Schule 1944

Mitte 1950 wird endlich der zerstörte Ostflügel fertig und unsere
Schule renoviert. Die Presse schrieb damals:
Die Diesterwegschule ist jetzt das Schmuckkästchen Ahlens ge-
worden und die best eingerichtete Schule des Kreises.

Mein erster Lehrer

Mein erster Lehrer war Herr Reich. Er nahm uns am ersten Schultag freundlich in Empfang und führte uns in unsere Klasse.

Unsere Klasse war ein großer langer Raum.Die Außenwand hatte viele Fenster mit breiten Fensterbänken. Die Sitzbänke für je zwei Schüler standen in Reihen hintereinander. Es gab drei lange Reihen. Jede Zweierbank hatte in der Mitte eine Aushöhlung für das Tintenfass und am oberen Rand je eine längliche Ausbuchtung für unser Schreibwerkzeug.

Für uns Erstklässler war das Schreibwerkzeug zunächst der Griffel. Geschrieben wurde auf einer Schiefertafel. Schon auf dem Schulweg konnte man uns Griffelschreiber an den Läppchen und den Schwämmchen erkennen, welche lustig aus dem Schulranzen heraushingen und hin- und herwippten.

Herr Reich erwies sich als ein sanfter Lehrer. Er trug stets einen Anzug mit Hemd und Krawatte.

Seine Schuhe waren mit Gummisohlen und Gummiabsätzen versehen. Dieser Umstand versetzte ihn in die Lage, lautlos in der Klasse herumzugehen. Befand er

sich in unserem Rücken, mussten wir damit rechnen, dass er plötzlich wie ein Geist neben uns stand.

Am Anfang erschrak ich immer, wenn er neben mir anhielt. Aber er war nie unfreundlich, und das Erschrecken war ganz unnötig.

Er sagte auch immer etwas, bevor er weiterging.

Zum Beispiel: "Dein O muss noch schöner werden", oder: "Schau auf dein Heft und nicht zur Brigitte", oder: "Hör nicht auf zu schreiben, wenn ich neben dir stehe".

Dabei hatte er immer eine sanfte Stimme, nie laut, nie ungeduldig. Und so klang alles, was er sagte, beruhigend freundlich. Er trug auch keinen Stock in der Hand.

Nur einmal hat er mich enttäuscht. Als die meisten Kinder meiner Klasse gerade anfingen zu lesen, bemerkte ich, dass ich schon alle Märchen, die mir sonst meine Mutter vorlas, selber lesen konnte.

Voller Stolz und Freude über meine Leseleistung ging ich in einer Pause an sein Pult.

"Herr Reich", flüsterte ich, "ich kann schon Märchen lesen." Da lächelte er mich ganz lieb an, legte mir die Hand auf die Schulter und flüsterte zurück: "Ilse, das glaube ich dir nicht."

Nach einigen Monaten Unterricht war er mir sehr vertraut. An seinen geräuschlosen Gang hatte ich mich gewöhnt. Seine ruhige Art gefiel mir - und sicher auch den anderen Kindern.

Wir waren leise und lieb. Aber das waren im Jahre 1948/49 Kinder eines ersten Schuljahres sowieso. Ich ging jeden Tag gern zu ihm in die Schule, und ich kann mich nicht erinnern, dass mir in diesem ersten Schuljahr irgendetwas schwer fiel.

Humor hatte er auch. Er teilte uns gerne ein in "süße Gurken" und "saure Gurken". Meistens waren die Jungen die sauren Gurken und die Mädchen die süßen Gurken. Aber es konnte auch schon einmal ein Mädchen treffen, wenn es zum Beispiel nicht ganz so schön geschrieben hatte, denn auf die Schrift und auf das fehlerfreie Schreiben wurde damals sehr großen Wert gelegt.

Das erste Schuljahr endete für mich am 6. April. 1949. Danach freute ich mich auf das zweite Schuljahr mit Herrn Reich. Aber am ersten Schultag des zweiten Schuljahres wartete Herr Reich nicht auf uns.

Ein fremder Lehrer stand in unserem Klassenraum. Er war jung und seine Augen guckten forschend auf uns herunter. Er lächelte nicht, als er sagte: "Ich bin jetzt euer neuer Lehrer, Herr Reich nicht mehr." In mir machte sich eine große Ratlosigkeit breit und ich empfand einen tiefen Schmerz.

Zu spät gekommen

Ich weiß nicht, wie mir das passieren konnte. Das mit dem "zu spät kommen". Zu Schulzeiten ist es mir nicht noch einmal passiert. So tief hat sich dieses Erlebnis in mir eingegraben. Ich kann mir nur vorstellen, dass ich mich mit dem Beginn des Unterrichts vertan hatte. Vielleicht musste ich zur ersten Stunde und dachte, ich müsste zur zweiten. Eine andere Möglichkeit ist, dass ich vergebens auf meine Freundin Waltraud Neumann gewartet hatte, die mich sonst immer abholte. Wie auch immer.

Als ich die Tür unseres Mehrfamilienhauses hinter mir schloss, war nichts mehr so wie an den anderen Schulmorgen zuvor. Niemand von den Schulkindern war auf der Straße zu sehen. Es war ganz still überall.

Ich ging ein paar Minuten über den Knüppelsberg, Richtung Meisterweg. Damals war hier nur Wiese und unbebautes Land. Dann ging ich wieder zurück.

Zu Hause angekommen, schickte mich meine Mutter gleich wieder zur Schule mit der Bemerkung: "Mach schnell, sonst kommst du zu spät!" Ich wusste aber, dass ich sowieso schon zu spät dran war, und ich wollte nicht wieder gehen. Da zog sich meine Mutter ihren Mantel an und begleitete mich bis zum Meisterweg. Ab hier musste ich allein weiter.

Ich war nun ganz allein auf der Welt. Oh, wie sich der Weg hinzog und wie sich meine Beine anfühlten, wie Gummi. So ging ich immer langsamer. Die Schule schien noch weit entfernt. Wie, wenn ich daran vorbeiginge. Einfach weiter, immer weiter, und dann wäre die Schule aus und ich wäre einfach nicht da gewesen. Das wäre längst nicht so schlimm wie "zu spät kommen".
Aber die Gummibeine trugen doch den ängstlichen Körper dahin, wo er hin sollte, nämlich in die Schule hinein. Kein Lehrer, kein Kind waren zu sehen, nicht einmal der Hausmeister. Kein Geräusch drang an mein Ohr. Es war so still.
Endlich stand ich vor meiner Klassentür. *Klasse 2* stand auf einem kleinen Schild. Was sollte ich machen? Anklopfen? Nein, unmöglich, dazu hatte ich keinen Mut. Mein Herz pochte ganz schnell. Meine Beine zitterten. Überhaupt zitterte jetzt alles an mir. Und da lösten sich dicke Tränen. Ich schluchzte mein Ausgesondertsein laut in den leeren Flur hinaus.
Soviel Ratlosigkeit, alle waren im Unterricht, nur ich nicht. Das konnte ich nicht ertragen. Ich schämte mich so. Nur weg von hier, wieder nach Hause, bloß nicht in die Klasse hinein. Aber da öffnete sich die Klassentür und mein Lehrer, Herr Rath, schaute mich groß an und sagte: "Du bist zu spät gekommen, da brauchst du nicht zu weinen, das ist doch nicht schlimm!"
Aber es war schlimm, es war das Schlimmste und ich dachte: "Wie kann ein Lehrer nur so dumm sein und

nicht wissen, dass es das Allerschlimmste auf der ganzen Welt ist, zu spät zu kommen."

"Meine Klasse mit Herrn Lehrer Rath"

Almosen

In den ersten Schuljahren hatte ich ein ganz starkes
Bedürfnis, so zu sein wie alle anderen Kinder.
Ich wollte die gleichen Hefte haben, die gleichen Stifte,
ich wollte genau die gleichen Kniestrümpfe haben; über-
haupt wollte ich mich nicht von den Kindern, die in der
Kolonie wohnten, unterscheiden.
Als ich merkte, dass meine Hefte, die ich im Geschäft
meines Onkels Kurt Marks kaufte, einen anderen Um-
schlag hatten, als die Hefte der Kinder aus der Kolonie,
bat ich meine Mutter, mir die Hefte aus dem Geschäft
Hochstrate in der Hansastraße mitzubringen. Hier gab
es genau die Hefte, die die meisten Kinder meiner
Klasse benutzten. Genau solche Hefte wollte ich haben.
Erst jetzt war ich zufrieden.
Nun war es aber so, dass ich eigentlich gar keine Hefte
zu kaufen brauchte. Meine Mutter war Kriegerwitwe mit
zwei Kindern. Ihre finanziellen Verhältnisse waren be-
scheiden zu nennen. Für diese Kinder von Kriegswitwen
gab es in der Schule Schulmaterial umsonst. Das hatte
ich schon gemerkt und des öfteren beobachtet
Aber ich stellte mich immer taub, wenn unser Lehrer,

Herr Rath, freundlich aufforderte: "Wer Hefte benötigt, kann jetzt zu mir kommen." Und ich wunderte mich immer, wenn Adelheid für Hefte anstand, so als ob es das Selbstverständlichste von der Welt war. Das würde ich nie tun.

Nach einiger Zeit merkte Herr Rath, dass ich mir nie Hefte abholte. Eines Tages stand er wieder vor dem geöffneten Schulschrank und teilte Hefte aus. Kurz bevor er die Tür des Schrankes schließen wollte, sah er zu mir hinüber. Er fragte: "Ilse, brauchst du eigentlich keine Hefte?" Ich antwortete:

"Nein danke, Herr Rath, ich habe genug Hefte."

Etwa einen Monat später teilte er wieder Hefte aus. Er nahm ein Heft aus dem Schrank, kam zu mir und hielt es ganz dicht vor mich hin. "Wieso willst du eigentlich keine Hefte nehmen?", fragte er etwas gereizt, "die stehen dir doch zu."

Ich nahm das Heft nicht, verschloss meine Hände und machte mein Gesicht ganz zu. Da schüttelte er verständnislos den Kopf und meinte: "Was denkst du denn, das ist doch kein Almosen!"

Und obwohl ich das Wort Almosen nie zuvor gehört hatte und dessen Bedeutung nicht kannte, ahnte ich, dass es genau das war, was ich mit dem Heft annehmen würde: Almosen. Und genau das wollte ich nicht.

Eine Lehrerin ganz besonderer Art oder Der Geburtstag

Im Schuljahr 1950 / 1951, meinem dritten Schuljahr, bekam unsere Klasse eine Lehrerin. Ihr Name war Fräulein Elfriede Schulte. Sie war eine Lehrerin von 57 Jahren.

Das weiß ich so genau, weil wir ihren Geburtstag ganz groß feierten.

Jeder von uns hatte etwas mitgebracht und auf ihr Lehrerpult gelegt. Das Pult war voller Blumen, denn der Geburtstag war im Sommer. Mitten zwischen den Blumen lag ein Rehrücken, den Waltraud Neumann zusammen mit ihrer Mutter gebacken hatte. Als Fräulein Schulte in die Klasse kam, staunte sie sehr und freute sich. Wir aber hatten noch eine Freude für sie.

Vor Beginn des Unterrichts, unbemerkt von ihr und mit Wissen des Hausmeisters, hatten wir uns in die Klasse geschlichen und die Klapptafel von innen mit Hingabe und Liebe voll gemalt. In der Mitte prangte ein großes Herz. In das Herz hinein hatten wir folgenden Spruch geschrieben:

"Fräulein Schulte soll leben,
 Fräulein Schulte soll schweben
 Und uns drei Tage keine Schularbeiten aufgeben!"

Unter dem Herz war zu lesen:
"Herzlichen Glückwunsch zum 57. Geburtstag!"

Die Zahl 57 war recht dick und bunt ausgeschmückt.
Noch war die Tafel zugeklappt. An beiden Enden der
Tafel standen aber schon zwei Mädchen, bereit, auf ein
Stichwort hin die Tafel zu öffnen.

Wir sangen:

"Viel Glück und viel Segen
auf all deinen Wegen
Gesundheit und Wohlstand
sei auch mit dabei."

Und dann sangen wir noch:"Hoch soll sie leben!"
Das war das Stichwort.

Ganz allmählich öffneten Gerda und Gisela die Tafel. Ich
sah unsere Lehrerin gespannt an und dachte:
"So einen schönen Geburtstag hat nicht jede Lehrerin."
Ich denke, das fand Fräulein Schulte sicher auch, aber
irgendwie war ihr Gesicht nicht mehr ganz so weich, als
sie zur Tafel blickte.

Und dann kam es aus ihr heraus. Sie nahm den Schwamm und wischte die 57 weg. Nachdem die schönen Farben der 57 gänzlich verschwunden waren, drehte sie sich voll zu uns herum und sagte:
"Das könnt ihr ja noch nicht so wissen, aber das Alter einer Dame erwähnt man nicht."
Das habe ich mir bis heute gemerkt.

Klapptafel

Die Blumenfreundin

Fräulein Schulte hieß nicht nur bei uns das "Fräulein".
Sie war auch ein Fräulein. Und sie war ein ganz beson-
deres Fräulein von 57 Jahren.
Sie war von mittelgroßer Gestalt und etwas mollig. Sie
hatte dicke, kastanienbraune Haare und trug sie bis in
den Nacken gewellt. Auch im Gesicht hatte sie kleine,
helle, seidige Härchen, aber das fiel nicht unangenehm
auf.
So fein, wie ihre seidigen Härchen im Gesicht war auch
ihr Charakter. Sie war sensibel, besonders im Umgang
mit Pflanzen und Blumen. Mit mir hatte sie nicht so ein
feines Händchen, wie folgende Geschichte zeigt.
In unserer Klasse standen auf den breiten Fensterbänken Topfblumen. Wir Schüler waren im Wechsel damit
beauftragt, diese Topfblumen zu pflegen. Irgendwann
fiel dann auch das Los auf mich. Ich hatte mich um eine
gelbe Pantoffelblume zu kümmern. Meine Mutter
machte sich nichts aus Topfblumen und so hatte ich
auch nicht dieses feine Blumenhändchen. Ich meinte es
aber gut mit der Pantoffelblume, goss sie ganz eifrig und
knipste alles Welke von ihr ab, sobald ich es erblickte.
Aber, was soll ich sagen! Zu meinem großen Schrecken
hatte ich die Blume eines Tages tot gegossen.

Die schönen gelben Blüten lagen welk und unansehnlich auf der dunklen Topferde.

Gott sei Dank bemerkte ich den Schaden, noch bevor unsere Lehrerin die Klasse betrat. Beherzt holte ich eine Schere aus meinem Schultornister und schnitt die traurigen Stängel mit den noch traurigeren Blüten ab.

Jetzt war nur noch die dunkle Blumenerde im Tontopf zu sehen.

Zunächst bemerkte unsere Lehrerin nichts. Doch nach der großen Pause stand sie neben mir und ließ ein Donnerwetter von Schimpfwörtern auf mich los. "Kein Blumenverstand" und auch "sonst kein Verstand" musste ich mir da anhören.

Das mit dem Blumenverstand stimmte ja, aber auch sonst kein Verstand? Um den Schaden wieder gut zu machen, kaufte ich von meinen ach so wenigen eigenen Groschen eine neue Blume. Aber eine neue Chance zur Blumenpflege bekam ich nicht.

"Komm zur Tafel und rechne aus!"

Ich gehörte zu der Art von Schülerinnen, die nie irgendwelche Probleme machten. Ich erledigte alle Hausaufgaben, lernte alle Gedichte auswendig, sammelte Blätter und presste sie und tat alles, um eine liebe Schülerin zu sein. Eigentlich keine Sorgen weit und breit.
Es gab aber ein Unterrichtsfach, das erduldete und durchlitt ich. Beim Unterricht in diesem Fach wäre ich gern unsichtbar gewesen. Es war das Fach Mathematik, früher Rechnen.
Nicht, dass ich keine Leistung erbrachte. Auf dem Zeugnis aus jener Zeit steht die Note "gut" und einmal "genügend" . Die normalen Operationen machten mir auch keine Schwierigkeiten. Aber, wenn es darum ging, gewisse Textaufgaben zu durchdenken, hatte ich ein Brett vor dem Kopf. Und meine Lehrerin Fräulein Elfriede Schulte gehörte nicht zu den Lehrerinnen, die einem das Brett vom Kopf herunternahmen. Ganz im Gegenteil. Das Brett wurde immer dicker und die Augen meiner

Diesterwegschule
(21) Ahlen (Westf.)   Volksschule zu
Schuljahr 19 49/50   2. Klasse   2. Halbjahr

Zeugnis

1. Führung: _sehr gut_
2. Beteiligung am Unterricht: _gut_
3. Häuslicher Fleiß: _gut_
4. Schulbesuch: _regelmäßig_
  fehlte ____ Tage mit Entschuldigung
  fehlte ____ Tage ohne Entschuldigung
5. Religion
  a) bibl. Geschichte: _gut_
  b) Katechismus: ____
6. Deutsch
  a) mündl. Ausdruck: _gut_
  b) Lesen: _gut_
  c) Aufsatz: ____
  d) Rechtschreiben: _gut_
7. Heimatkunde: _gut_

8. Geschichte: ____
9. Erdkunde: ____
10. Rechnen: _gut_
11. Raumlehre: ____
12. Naturkunde: ____
13. Naturlehre: ____
14. Musik: _gut_
15. Zeichnen und Werken: _befriedigend_
16. Weibl. Handarbeiten: ____
17. Schreiben: _gut_
18. Leibesübungen: ____
19. Englisch: ____
20. Französisch: ____
21. ____
22. ____

Bemerkungen: _versetzt_

Ahlen, den 28.3. 1950

D__ Klassenlehrer.   D__ Schulleiter.
Rath

Unterschrift des Vaters oder seines Stellvertreters: _Frau Ennig Marks_

Zensuren: 1 — Sehr gut; 2 — Gut; 3 — ; 4 — Mangelhaft; 5 — Ungenügend

Lehrerin immer spöttischer. Als wir dann mit Komma rechneten, war das bei mir manchmal ein echter Glücksfall, wenn das Komma an der richtigen Stelle landete. Fräulein Schulte wusste natürlich von meinen Schwächen. Und wenn sie einen guten Tag hatte, dann übersah sie mich bei diesen mathematischen Anforderungen. Aber wenn sie einen schlechten Tag hatte, konnte ich auf keinerlei Rücksichtnahme hoffen. An einem ihrer schlechten Tage legte sich über unsere Klasse eine Schwere, von außen betrachtet, eine Ruhe.
An ihren schlechten Tagen hielt sie den Stundenplan genau ein. Und womit wir sie sonst leicht ablenken konnten, gelang nicht. Selbst dann nicht, wenn ihre Lieblingsschülerin Elfriede, genannt Friedel, ihr Fragen zur Blumenpflege oder Gesundheit stellte.
An einem solchen Tag passierte mir Folgendes:
Ich saß genau wie alle anderen Schüler und Schülerinnen ruhig auf meinem Platz. Auf dem Stundenplan stand das Fach Rechnen. Das Rechenheft und das Rechenbuch lagen auf der Bank; Bleistift und Feder lagen zum Schreiben daneben. Im Tintenfass war königsblaue Tinte. Da zuckte ich zusammen.
Ich hörte laut und deutlich meinen Namen. Und Marlies, Christa, Elke, Mausi, Helga, Ruthchen, Friedel, Karin, Adelheid und Maja Edita waren froh, dass es nicht ihr Name war.
"Ilse, komm zur Tafel!" Ich ging. "Nimm die Kreide und rechne aus!"

"Ilse, komm zur Tafel!"

Natürlich weiß ich heute nicht mehr, um welche Aufgabe
es sich handelte, aber ich weiß, dass es wichtig war, das
Komma an die richtige Stelle zu setzen. Leider schaffte
ich es nicht und setzte das Komma an die falsche Stelle.
Da ich von vornherein unsicher war, senkte ich schon
schuldbewusst den Kopf, auf ein Donnerwetter gefasst.
Aber, was ich jetzt erleben musste, war neu für mich.
Sie schaute mich zornig an und befahl: "Schau mich an!"
Ich hob den Kopf und schaute sie an. Ihr Gesicht war rot.
Ihre Augen blitzten. Die Ader an ihrer Schläfe schwoll an
und ihre feinen Härchen auf der Oberlippe hoben sich
ab.

Mit unterdrückter Wut fragte sie mich: "Wo kommt das Komma hin?" Einer solchen Situation war ich nicht gewachsen. Meine Ratlosigkeit wuchs, und ich wusste, ich würde sowieso keinen Volltreffer landen. Also schwieg ich und senkte den Blick, aber nicht den Kopf. Der blieb oben.

Das hätte ich besser nicht machen sollen, denn jetzt holte sie aus und schlug mir mit der Hand auf die Wange. Danach wusste ich immer noch nicht, wo das Komma hinkommt, aber für diese Rechenstunde jedenfalls hatte ich meine Ruhe.

Ein paar Tage später beherrschte ich die mathematische Sache mit den Kommata perfekt, dank der Nachhilfe meines Vetters Günter, der schon zur Handelsschule ging.

Die zweite Ohrfeige

Mit den Ohrfeigen hatten einige Lehrer und Lehrerinnen an unserer Schule keine Probleme.

Oft rutschte einer Lehrperson schon die Hand aus, wenn ein Mädchen nur mal eben an ihren Zöpfen spielte oder aus dem Fenster schaute.

Und keine Mutter und kein Vater wäre wegen einer Ohrfeige zur betreffenden Lehrperson gegangen und hätte sich beschwert.

Es ist auch bestimmt nie jemand zu Herrn Schröder gekommen, der die Jungen mit dem Stock verhaute.

Auf den Hosenboden oder in die Hand hat er die Jungen mit dem dünnen Stock geschlagen. Und ich denke, wenn jemand gekommen wäre und sich beschwert hätte, dann wäre doch damit sicher Schluss gewesen.

Ich weiß auch von Herrn Soboll, dass er während eines Wutanfalles mit Gegenständen um sich warf.

Zum Beispiel mit seinem Schlüsselbund. Heute würde

jede Art körperlicher Züchtigung unter "Kindesmiss-
handlung" fallen, und das mit gutem Recht.

Schläge, das habe ich in meiner eigenen Schulzeit er-
fahren, sind kein geeignetes pädagogisches Mittel, um
Dinge positiv zu verändern. Ganz im Gegenteil. Schläge
brennen auf den Pobacken, in den Händen,
in den Gesichtern der Schüler und Schülerinnen bis in
ihre Erwachsenenzeit hinein. Noch im hohen Alter
werden nicht selten die Augen feucht, wenn Menschen
von diesen Zeichen der Züchtigung erzählen, denn vergessen ist kein Einschlag.

So habe ich auch meine zweite Ohrfeige nicht vergessen,
die mir Fräulein Schreiber schwungvoll verpasste, und
ich war ehrlich ganz unschuldig. Hiervon will ich nun erzählen.

Unser Schule war in den fünfziger Jahren schon recht
fortschrittlich. Wir mussten uns nach dem Schellen
nicht in Zweierreihen aufstellen, sondern konnten gleich
durch die weit geöffneten Schultüren in unsere Klassen
gehen.

An den Schultüren standen Aufsichtspersonen, also
Lehrer, die das Hineingehen beobachteten. Neben den
Aufsicht führenden Lehrpersonen standen große
Schüler. Diese Schüler hatten die Aufgabe, Dinge, die in
der Pause verloren gegangen waren, hochzuhalten. Das
fand ich gut, denn so bekam man seine verloren gegan-
genen Sachen schnell wieder. Jedenfalls meistens.

Einmal hatte ich eine Zopfspange verloren und war ganz unglücklich darüber. Trotz eingehender Suche hatte ich sie auf dem Schulhof nicht wieder finden können. Wie glücklich war ich, als ich meine Zopfspange in der Hand einer älteren Schülerin sah. Sie hielt den Arm hoch in die Luft gereckt. Ich konnte meine Zopfspange gut erkennen. So drängte ich mich durch die anderen Kinder hindurch und stand endlich vor der Schülerin. Ich streckte meine Hand nach der Zopfspange aus und wollte gerade rufen:

"Das ist meine Zopfspange!", da klatschte mir Fräulein Schreiber mit der flachen Hand ins Gesicht. Meine Zopfspange bekam ich nicht.

Was war geschehen? Ich konnte es mir nicht erklären. Schluchzend ging ich in meine Klasse. Schluchzend ging ich nach Hause.

Zu Hause weinte ich mich so richtig aus und fand ein offenes Ohr bei meiner Mutter. Natürlich fand sie das alles auch sehr ungerecht.

Nun war sie aber auch eine Frau, die nicht gern zu Lehrern ging. Die Erinnerung an Lehrer ihrer Schulzeit mögen ihr den Weg zu Lehrern meiner Schule schwer gemacht haben. Aber diesen Fall von Ungerechtigkeit wollte sie doch klären.

Am anderen Tag ging sie mit mir zur Schule. Sie bat um ein Gespräch mit Fräulein Schreiber. Ich bekam meine Zopfspange zurück. Und was war der Grund für meine Ohrfeige?

"Ich dachte", so Fräulein Schreiber, " die Ilse hätte sich
nur so zum Spaß gemeldet!"
Heute frage ich mich, aus welchem Grunde ist meine
Mutter wirklich zur Schule und zu Fräulein Schreiber
gegangen?
Wegen der Ohrfeige?
Oder wegen der Zopfspange?

Emmy Marks

*"Aber diesen Fall von Ungerechtigkeit wollte
meine Mutter doch klären"*

Der Kunstunterricht

In unserer Schule hatten die Klassen außer den üblichen Nummerierungen "1a, 1b, 2a, 2b" usw. noch andere Erkennungszeichen.

Zu jeder Klasse gehörte der Name einer großen Stadt, wie Heidelberg, Berlin, München oder Frankfurt.

Zu den Städtenamen gehörig waren die Stadtwappen zu sehen. Diese Stadtwappen hatte mein großer Bruder mit viel Begabung und Fleiß gezeichnet. Die Wappen waren gerahmt worden und hingen nun neben den Klassentüren. Sie sahen edel aus und mein Bruder war darauf mit Recht stolz.

Alle Lehrer kannten ihn und sein Zeichentalent. Fräulein Schulte kannte ihn natürlich auch und war immer enttäuscht darüber, dass ich nicht so gut malen konnte wie er.

Dass ich nicht so gut malen konnte, wusste ich, und es hatte mich eigentlich nie gestört. Mir war Eifersucht auf Talente anderer Kinder vollkommen fremd. Ich war höchstens mal neidisch, wenn Adelheid Himbeerbonbons hatte und ich nicht.

Und wenn Fräulein Schulte meinen Bruder in meiner Klasse vor allen Kindern in der Kunststunde lobte, dann rechnete ich ihr das hoch an. Sie war ja mit Lob äußerst sparsam, wenn nicht geradezu geizig. Dass sie mich damit ärgern wollte, kam mir nicht in den Sinn.

In einer Kunststunde, da merkte ich aber, dass ihr meine Malkünste ganz und gar nicht gefielen. Thema dieser Kunststunde war: "Hänsel und Gretel."
Wir hatten auf, die Personen des Märchens zu malen. Den pfiffigen Hänsel, die arme Gretel, die böse Stiefmutter, den sanften Vater und natürlich die grausame Hexe. Da wir mit Wasserfarben malen sollten, gab sie uns Tipps, wie wir mit der nassen Farbe umzugehen haben: "Also, erst die Farbe trocknen lassen, bevor die neue Farbe aufgetragen wird. Die Gesichter sind besonders schwierig. Ihr nehmt die Hautfarbe, lasst diese dann trocknen. Wenn die Hautfarbe trocken ist, könnt ihr Augen, Nase und Mund malen. Erst dann. Verstanden?" Ja, so wollten wir es alle machen.

Ich überlegte nicht lange. Die Hexe wollte ich malen und so ging ich sofort ans Werk. Zuerst malte ich einen ovalen Kopf. Dafür nahm ich rote Farbe und mischte sie mit Deckweiß. Das sah prima aus. Nun malte ich ein Hexenkleid, einen Besen und schwarze Schuhe. Für das Kopftuch ließ ich mir noch Zeit. Für das Gesicht aber nicht.

So begann ich den Pinsel ins Wasser, dann in die schwarze Farbe des Deckfarbkastens zu tauchen. Ich ließ die Farbe etwas vom Pinsel abtropfen und setzte nun den Pinsel mit der schwarzen Farbe auf das ovale rötliche Hexengesicht. Augen sollten es werden.

Voller Schrecken musste ich nun erleben, dass die schwarze Farbe auf dem noch nicht trockenen Untergrund zerlief. Die Hexe sah aus, als wenn sie sich die Augen mit Kohlen gewaschen hätte und die Kohlentropfen liefen bis auf ihr buntes Hexenkleid herab.

Da ich nichts ausbessern konnte oder wollte, malte ich tapfer weiter. Die Nase zerlief nicht mehr ganz so schlimm. Der rote Mund franste nur noch etwas aus. Fräulein Schulte merkte von all dem nichts, denn in den Kunststunden saß sie immer am Lehrerpult und trug ins Klassenbuch ein. Hierbei durften wir sie nicht stören.

Ich hätte mein Bild gerne zerrissen oder zerknüllt oder heimlich in den Tornister gepackt. Aber solche Dinge konnte man bei unserer Lehrerin höchstens in Gedanken tun. Also entzog ich mich dem kommenden Ärger dadurch, dass ich meinen Namen nicht auf die Rückseite des Bildes schrieb.
Zum Trocknen legte ich das Bild in den hinteren Teil der Klasse. Sobald die Bilder trocken waren, wurden sie vom Einsammeldienst der Klasse aufgehoben und

aufeinander gelegt. Ich sorgte natürlich dafür, dass mein
Bild ziemlich nach unten kam.
Zwei Tage hatte ich Ruhe. In der nächsten Kunststunde
dann sah ich den ganzen Bilderstapel zwischen
den Händen meiner Klassenlehrerin. Sie legte ihn ab
und nahm vier Bilder zur Seite.

Zuerst hob sie nacheinander drei wirklich wunderschön
sauber gemalte Bilder hoch. Sie nannte die Namen der
Künstler. Bei einem Bild sah Hänsels Lederhose richtig
echt aus. Bei einem Bild trug Gretel dicke blonde Zöpfe
mit Zopfschleifen. Wirklich sehr sauber alles. Dann
wurden die drei Bilder aufgehängt.
Danach hielt Fräulein Schulte ein viertes Bild hoch. Das
Bild erkannte ich sofort. Es war meines. Es stach
natürlich sehr von den ersten drei Bildern ab. Ich rührte
mich nicht und träumte davon, unentdeckt zu bleiben,
denn ich hatte ja keinen Namen auf das Bild geschrieben.
"Nun", ließ sich meine Lehrerin vernehmen, "hier seht
ihr ein Bild, dazu sage ich gar nichts. Ich frage nur eins:
Wer ist das?"
Sie fragte nicht: "Wer hat es gemalt?" oder "Wem gehört
das Bild?"
Nein, sie fragte: "Wer ist das?"
Ich guckte mich Hilfe suchend um, ob irgendeiner die
Frage beantworten wollte. Aber da war niemand, der
sich meldete.

"Also, noch einmal!", säuselte sie mit etwas zusammen
gepressten Lippen, aber immer noch freundlich: "Wer
ist das?"
Sie schaute auf den Hexenkopf mit den Kohlentränen
heulenden Augen.
Was sollte ich machen? Ich stand auf und antwortete:
"Ich!"
Sie lachte schallend, schwenkte das Bild hin und her und
rief: "Das ist die Ilse!"
Da sie so fröhlich lachte, lachte die ganze Klasse mit.
Aber denen habe ich es nicht übel genommen.

"Unterricht in unserer Schule in den fünfziger Jahren."

Ein neues Mädchen in der Klasse

Es war im 4. Schuljahr. Eines Morgens stand eine neue Mitschülerin vorn neben Fräule in Schulte in unserem Klassenraum. Wir betrachteten sie neugierig. Sie betrachtete uns neugierig. Nur hatte sie nicht die Sicherheit einer Klassengemeinschaft hinter sich. Sie begegnete unseren forschen Augen mit ängstlichen Augen.

Ihre Haar- und Augenfarbe war braun, ihre Haut blass, ein ganz klein wenig dunkel. Mir fiel sofort auf, dass ihre Kleidung unordentlich aussah, als ob sie nicht gebügelt worden wäre, und dass ihre Schuhe nicht geputzt waren.

Unsere Lehrerin nannte uns ihren Namen. Danach bekam sie einen Platz zugewiesen. An ihren Namen kann ich mich nicht mehr erinnern, auch nicht genau an ihr Gesicht, aber ihre ernsten dunklen Augen, die sehe ich noch heute vor mir. Und auch an den Feldzug, den unsere Lehrerin gegen sie oder für sie führte, je nach Art und Weise der Betrachtung, erinnere ich mich gut.

Unsere neue Mitschülerin war scheu. Blieb an ihrem Platz und stand auf dem Schulhof allein. Wir waren auch nicht gerade sozial eingestellt und ließen sie meistens da, wo sie war. Aber Leid hat sie mir getan, eigentlich von Anfang an. Nicht wegen ihrer ungebügelten und etwas unsauberen Kleidung, nicht wegen der ungeputzten Schuhe, sondern wegen des Sauberkeitswahns unserer Klassenlehrerin. Ich wusste von Anfang an, hier braut sich was zusammen!

In der ersten Zeit hielt sich unsere Lehrerin zurück. Die erste Zeit, das waren die ersten zwei Tage. Am dritten Tag begann ihr Feldzug für Sauberkeit gegen Schmutz. Sie sagte zu uns: "Morgen gucke ich nach, wer seine Fingernägel sauber hat und ein sauberes Taschentuch in der Tasche hat."

Das war für uns kein Problem. Unsere Mütter sorgten sowieso schon dafür. Aber es schien für das neue Mädchen ein Problem zu sein. Am anderen Tag hatte sie kein Taschentuch in der Tasche. Aber die Fingernägel waren sauber. Für diesen Tag gab sich unsere Lehrerin zufrieden.

Doch ich konnte sie inzwischen gut einschätzen. Sie gab nicht schnell auf. Und so beobachtete ich in den folgenden Wochen ihr Verhalten gegenüber der neuen Klassenkameradin genau. Das Mädchen musste fast jeden Tag an ihr Pult kommen. Einmal flüsterte sie ihr etwas ins Ohr. Einmal steckte sie ihr ein weißes Taschentuch zu. Einmal schickte sie sie hinaus zum Händewaschen.

Einmal zog sie sie sachte an den Ohren. Zwischenzeitlich musste sie unserer Lehrerin auch die Hände zeigen.
Da sich aber wohl kein dauernder Erfolg einstellte, verlor unsere Lehrerin die Geduld und so änderte sie ihre Strategie. Sie flüsterte nicht mehr. Sie wurde laut. Und nun konnten wir alle es hören:

"Wie sehen deine Hände wieder aus?"
"Wasch dir mal die Ohren aus!"
"Wie riechst du denn?"

Das neue Mädchen antwortete nie und schaute nur ernst und groß auf Fräulein Schulte oder auf ihre Hände oder einfach nur nach unten.
Eines Morgens gab unsere Lehrerin diesen lauten Verbalen Weg auf und ging zum Nahkampf über.
"So", sagte sie, "jetzt schaue ich mir das schon mehrere Wochen an. Du wäschst dich nicht! Dann wirst du dich jetzt hier waschen. Siehst du, was auf meinem Pult liegt? Waschlappen, Seife und ein sauberes Handtuch.
Gerda und Friedel nehmen dich jetzt mit. Sie passen auf, dass du dich auch wirklich wäschst. Ihr könnt zum Brunnen auf dem Flur gehen."
In unserer Schule gab es auf den Fluren in die Wand eingelassene Wasserbecken mit fließendem kalten Wasser. Das waren die Brunnen.

Gerda und Friedel nahmen die Mitschülerin in ihre Mitte und gingen mit ihr aus der Klasse hinaus. Das neue Mädchen ging mit, ohne sich zu wehren.

Nach einiger Zeit kamen die drei Mädchen zurück. Wir waren mucksmäuschenstill. Die drei setzten sich an ihre jeweiligen Plätze. Das Gesicht unserer Mitschülerin sah gerötet aus, ein wenig frischer.

Fräulein Schulte blickte sie kurz an, senkte den Blick und schwieg. Sie schwieg recht lange, sodass mir schon etwas unheimlich zumute wurde. Dann nahm sie den Unterricht wieder auf, als ob gar nichts geschehen wäre. Den ganzen Morgen wartete ich darauf, dass sie noch irgend etwas zu dem Vorfall sagen würde. Aber ich wartete vergebens. Und doch war etwas geschehen. Fräulein Schulte ließ das neue Mädchen seit dieser Gesichtswäsche in Ruhe.

Schulspeisung

In die Zeit meiner ersten Schuljahre fiel auch die Schulspeisung. Das war für meine Mutter etwas ganz
Wunderbares. Sie, die wie viele Mütter damals Sorgen
um das tägliche Brot hatte, nahm die Schulspeisung als
großes Geschenk an.
Es gab verschiedene Speisen. Ich kann mich aber nur an
zwei erinnern. An Schokoladensuppe und an Erbsensuppe.
An die eine, weil ich sie liebte und an die andere, weil
ich sie hasste. Ich bekam jeden Morgen eine Suppentasse aus Emaille mit und einen Löffel. Ich hatte eine
große Tasse aus brauner Emaille mit einem weiten
Henkel daran.
In der Zehn-Uhrs-Pause gab es dann die Schulspeisung.
Das ging so vor sich: Wir stellten uns unten im Keller
der Schule auf. Wir standen in einer langen Reihe. In der
Hand hielten wir unsere Suppentasse und unseren
Löffel. Wenn wir dann vor dem großen Suppentopf standen, bekamen wir einen Schlag Suppe in die Tasse
hinein.

Nun gab es für mich ein Problem: Erbsensuppe hasste ich und ich wollte sie nicht essen. Aber ich wusste ja nicht von vornherein welche Suppe es gab, und so hoffte ich immer auf Schokoladensuppe.

Natürlich roch ich gleich, wenn es keine Schokoladensuppe gab, aber ich konnte mich nicht mehr aus der Reihe stehlen. Meistens rief ich dann: "Bitte, nur ganz wenig!" und aß treu und brav das auf, was sich in der Suppentasse befand. Eines Tages aber schaffte ich es nicht.

Es gab Erbsensuppe. Mein Geruchssinn muss mich wohl im Stich gelassen haben, denn ich wehrte den großen Schlag nicht ab. Und es war ein großer Schlag. Ich ging in eine Ecke und fing an zu essen. Einen Löffel für Mama, einen Löffel für Oma, einen Löffel für die liebe Ilse, dann aber ging gar nichts mehr. Mich ekelte und ich fürchtete, mir würde schlecht werden. Was tun? Wohin mit dem Rest?

Ich versteckte die Tasse samt Inhalt so gut es ging unter meiner Strickjacke und eilte Richtung Toilette.

Auch das war schon eine Überwindung, denn ich ging in der Schule nie auf die Toilette. Aber jetzt musste es sein. Auf der Toilette schloss ich mich kurz ein, schüttete die verhasste Erbsensuppe in die Kloschüssel und zog dann ab. Meine braune Emailletasse war jetzt leer. Schnell lief ich wieder auf den Schulhof zurück und atmete tief durch. Geschafft!

Aber leider hatte mich jemand bei meinem Tun
beobachtet. Nämlich Hansi. Als ich nach der Pause ruhig
auf meinem Platz saß, ahnte ich davon nichts. Auch als
Hansi am Lehrerpult stand und auf unsere Lehrerin
wartete, dachte ich mir nichts dabei. Selbst, als er
flüsternd mit ihr sprach, rührte sich in mir keine Vor-
ahnung. Erst als Fräulein Schulte zu mir hinüberblickte
und Hansi nickte, fühlte ich ein leises Unbehagen.
Mein Unbehagen steigerte sich zu einer großen Angst,
als meine Lehrerin meinen Namen aufrief. Und an die
Art und Weise der Betonung meines Namens "Ilse"
merkte ich, dass die Sache ernst war.
"Ilse, komm mal her!", rief sie. Also, der Hans Werner
berichtet mir, dass du die Schulspeisung in die Toilette
geschüttet hast. Ist das wahr?"
So viel Verrätertum konnte ich nicht ertragen. Wie
konnte mir jemand so etwas antun?
So blickte ich mit unschuldigen Augen auf ihn, den
schnöden Verräter, und Hilfe suchend in die Augen
meiner Lehrerin.
"Nun, warst du es?" , forschte sie eindringlich.
Da muss sich damals ein großer Kampf in meinem Kopf
und in meiner Seele abgespielt haben.
Natürlich war ich es. Ich hatte die Suppe weggeschüttet.
Ich wusste, dass man so etwas nicht tut. Ich wusste, dass
ich es nicht tun durfte. Das war Sünde gegen Essen und
Sünde gegen Gott. Ich wusste auch, dass ich nicht lügen
darf. Und dass ich es hier auch nicht tun durfte.

Mein Weg zur Wahrhaftigkeit lag offen vor mir und doch ging ich ihn nicht.

Der Stolperstein auf dem Weg zur Wahrheit war mein verräterischer Klassenkamerad Hansi.

Wenn er nicht wäre, hätte es keiner gemerkt. Er tut etwas, was mein Verhalten an Schändlichkeit überbietet. Er ist ein schlechter Mitschüler, ein Petzer. Er tut mir etwas an, ich aber habe nur der Erbsensuppe etwas angetan. Warum tut er das? Ich habe ihm doch nichts getan.

Und so gewann mein subjektives Gerechtigkeitsempfinden den inneren Konflikt. Ich war davon überzeugt, mir geschieht Unrecht. Hansi hatte nicht die geringste Berechtigung, mich zu verraten.

Er muss eine Strafe haben und nicht ich.

Und so hörte ich mich sagen: "Der Hans Werner lügt"

Unsere Lehrerin glaubte mir und Hansi bekam seinen gerechten ungerechten Anpfiff.

Schulspeisung im Jahre 1920

Exkurs:

Am 5. März 1946 lief die Schulspeisung an. Zunächst nur für die Kinder bis zu 14 Jahren. Später auch für die älteren Kinder. 4 Frauen kochten in der Nordenschule das Essen für die Ahlener Schulen.

Mit dem LKW wurden die Speisen zu den einzelnen Schulen gebracht. Bei der allgemeinen schlechten Ernährungslage stellte die Schulspeisung einen wesentlichen Faktor in der Ernährung der Kinder dar. 5500 bis 6000 Kinder nahmen daran teil und wurden gut versorgt. Im Jahre 1947 gab es zunächst nur Speisen aus Erbsen- und Bohnenpräparaten, von den Kindern „Atomsuppe" genannt. Später wurde der Speisezettel abwechslungsreicher

Kakao mit Brötchen, Brötchen mit Käse, Brühnudeln, Erbsensuppe, 50gr. Schokolade, Haferflockenbrei und Rosinen, Griesbrei mit Rosinen oder Marmelade, Milchnudeln und einmal eine Feigenfruchtschnitte.

Eine Mahlzeit kostete 20 Pfennig. Ab Mai 1949 war die Schulspeisung dann umsonst. Grund dafür war, dass die Alliierten die Lebensmittel ab Hamburg Hafen stifteten. Auch gab es Spenden durch Ahlener Familien.

Ein ganz besonderer Mensch

Der Schulalltag mit unserer Lehrerin, Fräulein Elfriede
Schulte, war sicher nicht langweilig. Aber ihre Betulich-
keit mit den Blumen, ihre Angst vor einer Thrombose im
rechten Arm, ihre Kreidestaubempfindlichkeit und ihre
Vorliebe für saubere Bilder ließen ihr wenig Raum für
einen verständnisvollen Umgang mit den ihr anver-
trauten Kindern.

Deshalb erschien es mir wie ein Geschenk des Himmels,
als sie eines Tages einen jungen Mann mit in unsere
Klasse brachte und ihn mit folgenden Worten vorstellte:
"Das ist Herr Köhn. Herr Köhn bleibt für einige Wochen
bei uns, denn er will nach seinem Studium auch Lehrer
werden."

Auf einen solchen Lehrer hatten wir schon lange gewartet. Er hatte leicht welliges blondes Haar. Er trug eine
dunkle Hornbrille und hatte die freundlichsten blauen
Augen der Welt. Seine Stimme war sanft.

Für jeden von uns hatte er einen Blick. Jeden schaute er
an, als wir ihm unsere Namen sagen durften, und er
lächelte dabei.

Dieser engelhaft anmutige Mensch verzauberte auch
unsere Lehrerin. Ich hörte sie in der Zeit seines Daseins
niemals mehr schimpfen und zürnen. Nein, sie war wie
ausgewechselt und nannte mich scherzend *Ilschen*. Das
aber machte auf mich keinen Eindruck. Und das war
auch gut so, wie folgende Geschichte zeigt.
Im Kunstunterricht, im dem Herr Köhn hospitierte,
sollten wir wieder einmal mit Wasserfarben malen. Es
gab das Thema: "Segelschiffchen auf dem Wasser".

Dieses Mal wollte ich alles ganz richtig machen. Natur-
getreu. Ich malte einen braunen Segelschiffrumpf,
braune Masten und weiße Segel. Die Segel hoben sich
weiß von dem blauen Himmel ab. Das Wasser malte ich
etwas dunkler blau. Alles fein. Nicht zerlaufen. Ich war
richtig zufrieden mit meiner Arbeit und hoffte auf ein
dickes Lob sowohl von Fräulein Schulte, als auch von
Herrn Köhn.
Jetzt richtete Fräulein Schulte ihren Schritt in meine
Richtung.. Ich wartete gespannt. Tatsächlich, sie kam zu
mir. Als sie an meinem Platz stand, stand ich auf. Nun
winkte sie Herrn Köhn an meinen Platz.
Sie sagte: "Schauen Sie einmal, Herr Köhn. Genau so
traurig wie sie ist, so malt sie auch."
Das traf mich. Ich, traurig? Selber empfand ich mich
nicht so. Aber jetzt war ich es und musste ordentlich
schlucken. Ausgerechnet im Beisein von Herrn Köhn
musste sie so etwas sagen.

Herr Köhn aber machte etwas ganz Unerwartetes, etwas ganz Wunderbares. Er lachte mich an, umarmte mich und schaute unserer Lehrerin fest in die Augen, als er sagte: "Bei mir ist sie nie traurig!"
Und mir war es so, als ob der Stern von Bethlehem aufgegangen war. So hell war es plötzlich in der Klasse.

Abschlussklasse 1956 / Die Autorin: 2. Reihe 5.

*Abschlussbild
mit Frau Mühlenbrock*

Kochuntericht 1956

Winterberg 1954

Kleine Geschichte der Diesterwegschule
von Jürgen Rheker

Die Stadt Ahlen war bis Mitte des 19. Jahrhunderts eine beschauliche Ackerbürgerstadt von ca. 3.000 Einwohnern. Dieses änderte sich durch den Bau der Köln-Mindener-Eisenbahn und der damit auch verbundenen sog. 1. Industrialisierungsphase ab ca. 1865. So stieg durch das Entstehen der Stanz- und Emailleindustrie und verschiedener anderer Gewerbezweige (z.B. Strontianitbergbau ab 1880) und einem dadurch bedingten starken Zuwachs auswärtiger Arbeitskräfte die Einwohnerzahl von 3.512 im Jahre 1869 auf 6.565 Einwohner im Jahre 1900. Dieses brachte, neben vielen anderen Veränderungen, auch Veränderungen in der Schullandschaft von Ahlen mit sich, neue Volksschulen – Südenschule (1891), Westenschule (1895/96) und Nordenschule (1901/02) - mussten gebaut werden.

Einen weiteren Aufschwung erlebte Ahlen durch die sog. 2. Industrialisierungsphase, die mit Beginn des Steinkohlenbergbaus (Probebohrungen ab 1901, Bau der Schachtanlage 1907, Abteufung der Schächte ab 1909) einsetzte. Neben der Rekrutierung von Arbeitskräften - „der Bau des Bergwerkes lockte ein Heer von Arbeitern in die Stadt ... – Ahlen hatte 1910 schon 10.763 Einwohner – war die Bindung an den Arbeitsplatz ein wichtiger Faktor, was durch die Errichtung einer Werkssiedlung gelöst werden sollte. Die Verantwortlichen entschieden sich damals, als Standort den Raum unmittelbar nördlich und östlich der Betriebsanlagen zu wählen und schufen schon frühzeitig die Voraussetzungen für eine funktionierende Infrastruktur in diesem Bereich. Ein neuer Stadtteil sollte entstehen. Neben Wohnungen, der Kern der „Kolonie", wie sie genannt wurde, entstand in den Jahren 1911 – 1914, gehörte auch der Bau einer Schule, denn der Anstieg der schulpflichtigen Kinder konnte durch die vorhandenen Stadtschulen nicht mehr bewältigt werden.

Die katholischen Schulkinder des wachsenden "Ostenstadtteils" besuchten die „Südenschule", die evangelischen Schulkinder besuchten die „Evangelische Stadtschule". Unproblematisch war die Aufnahme der Schulkinder wohl auch nicht. So führt die Schulchronik der kath. Südenschule u. a. aus:

1912: Die Inbetriebnahme der Zeche Westfalen brachte im Sommer einen gewaltigen Fremdenzuzug nach Ahlen u. der Südenschule einen bedeutenden Zuwachs, der vielfach aus fremdsprachigen Kindern bestand. Die Schule wurde von 577 Schulkindern (getrennt nach Jungen und Mädchen, Durchschnitt pro Klasse also 72 Schulkinder!) besucht. 526 Schulkinder sprachen deutsch, 27 polnisch und 24 Schulkinder wurden „anderen" Sprache zugeordnet. Ergänzt wurde die Schulstatistik um die Bemerkung: „Da die zugezogenen Kinder wegen des vielen Umherziehens oft sitzen geblieben waren, wurden besonders der 2. und 3. Jahrgang überfüllt".

1913: Es besuchten allein 342 katholische Kinder aus der Kolonie (!) die hiesige Schule.

1913: Im Herbst erhielt die Kolonie der Zeche Westfalen bedeutenden Zuwachs. Nicht weniger als 183 Kinder wurden vom 16.9. – 15.11. hier (Südenschule) eingeschult, darunter sehr viele Polen und Ausländer.

Schon diese Zahlen nur für die Südenschule belegen, wie dringend notwendig der Bau einer Schule im Ostenstadtteil geworden war.

Für die „Ev. Stadtschule" liegen Statistiken nicht vor, aber in der Stadtverordnetenversammlung vom 18.7.1913, in der sich die Stadtverordneten nach entsprechender Vorberatung in der sog. „Schuldeputation" und dem gerade neu gewählten Magistrat mit der „Errichtung einer neuen Volksschule in der Kolonie" befassten, wurde vom Stadtverordneten-Vorsteher Emil Schultz u. a. ausgeführt:

> **Ganz besonders macht sich die Überfüllung der evangelischen Volksschule bemerkbar, und die Kinder aus der Kolonie belasten die Stadtschulen derart, dass es dringend notwendig erscheint, in der Kolonie eine Schule zu bauen…**
> **und schlug deshalb den Bau einer 14klassigen Schule für beide Konfessionen vor.**

Der Bau an sich war unumstritten, diskutiert wurde jedoch über die Größe (Anzahl der Klassen) der Schule. So beantragte der Stadtverordnete Kerkmann – wohl unter Kostengesichtspunkten – „zunächst die Errichtung einer 7klassigen Schule. Der Bau könne so gehalten werden, dass mit Leichtigkeit ein Flügel angebaut werden könne. Vorläufig komme man mit einem Flügel aus".

BM Corneli wies aufgrund der Einwohnerentwicklung jedoch zu Recht darauf hin, dass über kurz oder lang infolge des rapiden Zuzuges die Schule besetzt sein wird und es deshalb angebracht ist, sofort eine ganze Schule zu bauen. „Zunächst werden wir für die katholischen und evangelischen Kinder je 3 Klassen notwendig haben, für die ein Flügel nicht ausreicht. Die Einwohnerzahl der Kolonie wächst jetzt von Monat zu Monat und in verhältnismäßig kurzer Zeit würden wir gezwungen sein, neu zu bauen." Zusätzlich wies Corneli auf die gesicherte Finanzierung hin, „zumal die Zechenverwaltung den benötigten Bauplatz kostenlos zur Verfügung stellt und die notwendigen Steine zum Selbstkostenpreis aus der eigenen Ziegelei abgibt und die Baukosten in erster Linie von dem seitens der Zechenverwaltung bereitgestellten Kapital gedeckt wird.".

StVO Kerkmann zog daraufhin seinen Antrag zurück und die weitere Be-
völkerungsentwicklung zeigt, dass BM Corneli Recht behalten sollte.

Die neue Schule – eigentlich waren es zwei Schulen, nämlich eine evangelische und eine katholische Schule - konnte nunmehr gebaut werden, ei-
genständig war sie deshalb nicht, denn sie waren Töchterschulen der
evang. Stadtschule bzw. der Südenschule. Erst zum Schulbeginn 1919
wurden die beiden Schulen von ihren Mutterschulen getrennt und er-
hielten eigene Rektoren.

Im Oktober 1913 wurde mit dem Bau begonnen. Ostern 1914 begann der
Schulbetrieb, obwohl die Arbeiten an der Schule noch nicht abgeschlossen waren:

Die Schule war erst im Rohbau fertig.
Der Weg in die Schule führte über
Haufen von Bauschutt, Sand u. Stein-
en, die auf dem Schulhof umher lagen,
der Schulhof war ganz unfertig. Hand-
werker jeder Art waren während des
Unterrichts in dem Gebäude tätig. Der
Unterricht wurde dadurch oft nicht
unerheblich gestört.

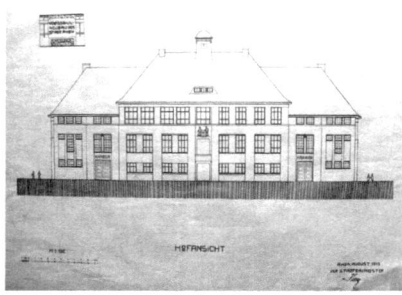

Der Unterricht wurde mit 3 katholischen Klassen der Südenschule und 3
evangelischen Klassen der Ev. Stadtschule aufgenommen. Im Herbst
kamen nochmals 3 katholische Klassen hinzu. 1915 eine weitere ev. Klasse
und auch in den nächsten Jahren stiegen die Klassenzahlen. So war es
schon 1919 notwendig, dass Ostern 1919 eine Baracke für 2 Klassenräume
errichtet werden musste.

Weitere Daten zur Schulgeschichte in Ahlen, besonders der Diesterweg-schule.

1918: Erste Versuche von Eltern, den „Einfluss der kath. Kirche auf die Schulen" zu schmälern. Umwandlung in eine „Weltliche Schule" zu erreichen. Zahlreiche Kinder werden vom Religionsunterricht abgemeldet.

1919: Zu Beginn des Schuljahres wird die Schule als selbständiges System von der Stadtschule abgetrennt. Als Leiter derselben wird für den evang. Teil der Lehrer Menke als Rektor angestellt, für den katholischen Teil Rektor Kötter.

Infolge Lebensmittelknappheit lässt der Schulbesuch sehr zu wünschen übrig und macht viel Beurlaubungen nötig, besonders im Sommer zur Herbeischaffung der fehlenden Kartoffeln.

Zur Herbeischaffung von Lebensmitteln werden Kinder von ihren Eltern eingesetzt und fortgeschickt. Viele Kinder nutzen die Gelegenheit der Freiheit von elterlicher Aufsicht, bleiben oft Tage und Nächte fort und machen sich strafbarer Handlungen schuldig.

1920: Der für den Kreis Beckum eingestellte Schularzt untersucht die Kinder der Diesterwegschule insbesondere auf Läuse und Krätze. Weiterhin ergibt die Untersuchung ein geradezu niederschmetterndes Resultat bzgl. des Gesund-heitszustandes der Schulkinder.

Aufgrund der schlechten Ernährungsverhältnisse wird ab 13.12.1920 die sog. „Quäkerspeisung" durch die „Kinderhilfsmission der religiösen Gesellschaft der Freunde von Amerika" (Quäker) begonnen. Die Durchfahrt im Mittelgebäude wird als Vorratsraum und Hausküche eingerichtet. Der Backraum und die Flure werden mit Tischen und Bänken versehen. In der Zehnuhrspause wird durch den vom Arzt ausgesuchten Kindern ein warmes

verabreicht (Kakao, Milchreis, Erbsen, Bohnen etc. und eine Semmel). Die Kinder zahlen für das Essen nichts, für Herstellung, die durch Beauftragte der Stadt geschieht, wöchentlich 25 Pfg.

1921: Auch die nächste Untersuchung der Schulkinder durch den Schularzt zeigt keine Verbesserung des Gesundheitszustandes der Schulkinder, erste Verdachte auf Tbc-Erkrankungen.

1922: Die Kolonieschule wird durch Beschluss der Schuldeputation umbenannt in „Diesterwegschule" in Gedenken an den deutschen Pädagogen Adolph Diesterweg
(* 29. Oktober 1790 in Siegen; † 7. Juli 1866 in Berlin).

- Inflation in Deutschland!

1923: Schulstreik für die Einrichtung einer „Weltlichen Schule" (s. auch 1918) .Im Mai werden drei weltliche Sammelklassen eingerichtet, eine davon in der Diesterwegschule. Zwei Klassen werden vorübergehend in der Südenschule eingerichtet.

Am 1. Oktober zieht die kath. (Kolonie-)Schule in die neu erbaute Josefschule. Dadurch werden endlich im Gebäude (der Diesterwegschule) Klassenräume frei und die Baracken können geräumt werden. Zugleich ziehen die weltl. Klassen (aus der Südenschule, siehe oben) ins Gebäude ein. Durch Beschluss der Schuldeputation wird ihnen der Ostflügel zur Unterbringung ihrer 6 Klassen überlassen.

1927: Die Umschulung der Kinder vom Knüppelsberg von der Stadtschule zur Diesterwegschule macht die Einrichtung einer 9. Klasse erforderlich.

1930: Am 1.5.1930 wird die Turnhalle an der Josefschule in Betrieb genommen, sie wird auch von der Diesterwegschule benutzt – vorerst jedoch nur für die 3 Oberklassen.

1933: Grippewelle in Ahlen – aufgrund der vielen Erkrankungen wird die Schule vom 30.1. – 4.2.1933 geschlossen.

Machtübernahme der Nationalsozialisten - auch im Stadtrat.

Die weltliche Schule wird von den Nationalsozialisten aufgelöst, 4 Lehrer an die Diesterwegschule versetzt, 3 Lehrer entlassen (u.a. der spätere Rektor Hans Schröder).

Die Lehrer werden aufgefordert, sich im „Nationalsozialistischen Lehrerbund" (NSLB) zu organisieren. Immer mehr Lehrer unterrichten in Parteiuniform.

Der Lehrer Heinrich Lenfert aus Gelsenkirchen – später Rektor der Diesterwegschule – wird wegen seiner politischen Haltung und seiner Gegnerschaft zum nationalsozialistischen Staat an die Diesterwegschule strafversetzt.

In der Schule werden 727 Kinder unterrichtet.

1937: Am 7.11. verlieren die Ahlener Schulen durch einstimmigen Beschluss des Ratsherrenkollegiums ihren Hinweis auf den konfessionellen Bezug – so heißt die Kath. Josefschule ab sofort Brunnenfeldschule, die Diesterwegschule behielt ihren Namen.

1939: Beginn des 2. Weltkrieges; auch Lehrer der Diesterwegschule werden zum Kriegsdienst einberufen.

Durch Beschluss des Schulbeirates wird mit Beginn des neuen Schuljahres die „Deutsche Schule" eingeführt, d. h. Kinder beider Konfessionen werden gemeinsam von Lehrern beider Konfessionen unterrichtet. Die Schule hat nunmehr 654 Schülerinnen und Schüler in 14 Klassen.

1939: In der Schule werden 638 Kinder unterrichtet, Ahlen hat 25.697 Einwohner

1940: Für die Schule wird ein eigener Betriebsluftschutz eingerichtet aus den vorhanden Lehrkräften und einer Anzahl Schüler.

1941: Die Diesterwegschule wird in „Horst-Wessel-Schule" umbenannt, weitere Umbenennungen:
  Nordenschule = Dietrich Eckart-Schule
  Westenschule = Hermann-Löns-Schule
  Südenschule   = Jahnschule, ab 8.1.1942 in Dietrich-Eckart-Schule
Der Beginn des Schuljahres wird durch Reichsgesetz vom Osterter-min auf das Ende der Sommerferien verlegt, eine Regelung, die erst ab dem Schuljahr 1946 wieder zurück geführt wurde

1943: Die Horst-Wessel-Schule, wie sie ja jetzt heißt, muss aus zeitbe-dingten Gründen ihr Gebäude verlassen und in die Brunnenfeld-schule einziehen, das bedeutet eine Kürzung der Unterrichtsstun-den auf 24 Std. in der Woche. In das Gebäude am Glückaufplatz zieht Militär ein

1944: Am 23.3., gegen 11 Uhr, erlebt Ahlen den stärksten Bombenan-griff. Dieser Angriff richtet sich fast ausschließlich auf die Kolonie. Über 500 Spreng- und Brandbomben schwersten Kalibers und 450 Flüssigkeits-Brandbomben werden abgeworfen. Der Ostflügel der Schule wird vollkommen zerstört.

Da die Schule aus „zeitbedingten Gründen" ihr eigenes Schulge-bäude geräumt hatte und der Unterricht in dem Gebäude der Brunnenfeldschule (Josefschule) stattfand, wurden die Kinder vor den schlimmsten Auswirkungen dieses Angriffes bewahrt. Während der Aufräumungsarbeiten diente der Rest des Gebäudes allerlei Aufräumungstruppen. Ab Mai 1944 war in ihr eine Batterie-Flak (Scheinwerfer + Horcher) untergebracht, die die Schule in kurzer Zeit in einen für sie wieder brauchbaren Zustand brachte.

Unter den ca. 190 Toten (es sind unterschiedliche Zahlenangaben veröffentlicht) befanden sich auch 14 Kinder der Diesterwegschule:

Dieter Binder, Günter Brinkmann, Heinz Bögel, Christel und Elisabeth Burghard, Wolfgang Dudek, Siegfried Hantel, Helene Klar, Marianne Kölbel, Johann und Gertrud Kollodzieyski, Siegfried Matthias,
Günter Queder, Gisela Stollenwerk.

Die Gesamtzahl der Schulkinder beträgt 548.

Weil durch die sich steigernden Luftangriffe ein Unterricht unmöglich ist, werden am 13.10.1944 die Schulen der Stadt Ahlen auf Anordnung des BM Dr. Janssen „wegen der angespannten Luftlage" geschlossen.

1945: Am Karfreitag, 31.3.1945, wird Ahlen von dem Chefarzt der Ahlener Lazarette, Dr. Paul Rosenbaum, der Ahlen gegen den Widerstand der Nationalsozialisten zur Lazarettstadt erklärt, den anrückenden Amerikanern kampflos übergeben

Die Ahlener Schulen erhalten ihre alten Namen zurück.

Bis zum Herbst des Jahres ist das Restgebäude (der Diesterwegschule) von russischen und polnischen Arbeitern, die während des Naziregimes zur Zwangsarbeit hierher verschleppt waren, belegt. Im Laufe des Septembers wird das Gebäude von ihnen geräumt.

Die Diesterwegschule erhält wieder ihren evangelischen Charakter. Der Schulbetrieb wird am Mittwoch, dem 10.10.1945 mit 7 Lehrern einschl. Rektor aufgenommen; die Leitung erhält Rektor Heinz Lenfert. 480 Schüler nehmen den Unterricht wieder auf.

Die Josefschule ist Flüchtlingsdurchgangs- und Auffanglager. Der Schulbetrieb wird deshalb in die Diesterwegschule verlegt. Durch Einrichtung eines wechselseitigen Vormittags- u. Nachmittagsunterrichtes kann der Schulbetrieb einigermaßen durchgeführt werden.

Alle Lehrkräfte müssen sich einem besonderen Entnazifizierungsverfahren stellen. Im Zuge der Entnazifizierung werden auch einige Lehrer in Internierungslager überführt. Zur Wiederaufnahme der Schule müssen alle Lehrkräfte eine Loyalitätserklärung für die Militärregierung unterschreiben.

Ende des Jahres werden 534 Kinder unterrichtet. Ahlen hat 29.353 Einwohner und wächst insbesondere durch den Zuzug von Evakuierten und Vertriebenen.

1946: Zu Beginn des Jahres muss wegen Mangels an Heizungsmaterial öfter Kurzunterricht eingerichtet werden. Die Schüler werden an den kalten Tagen nur 1 ½ bis 2 Stunden unterrichtet.
Da nur 9 Klassenräume zu benutzen sind, werden in dem Lehrerzimmer und in dem Lehrmittelzimmer Klassenräume behelfsmäßig eingerichtet.

Ostern ist wieder Schuljahresbeginn (siehe: 1941).

Ende des Jahres werden 484 Schulkinder unterrichtet. Ahlen hat 32.462 Einwohner, darunter 4.856 Evakuierte und Vertriebene.

1947: Der äußerst harte Winter 1946/47 bringt wegen des prekären Mangels an Heizungsmaterial einen ausgedehnten Kurzunterricht von Januar bis März. Infolge der großen Kälte sind die Abortanlagen angefroren, sodass nach Belieferung mit Heizmaterial noch nicht der volle Unterricht aufgenommen werden kann. Wegen des umfangreichen Unterrichtsausfalls werden die Osterferien verkürzt.

Durch die Aufnahme vertriebener Kinder steigt die Schülerzahl stark an. Es ergibt sich die Notwendigkeit, eine 12. Klasse einzurichten.

Es werden wieder regelmäßige Untersuchungen der Kinder durch das Gesundheitsamt durchgeführt. Neben Krankheiten aller Art werden besonders festgestellt: Russische Krätze und Tbc-Anfälligkeit.

Die Josephschule zieht wieder in ihre Schule am Wetterweg.

Ende des Jahres werden 554 Schulkinder unterrichtet. Ahlen hat 32.921 Einwohner, darunter 5.440 Evakuierte und Vertriebene.

1948: Als Ausweichklassenraum wird auch der Baderaum mit Bänken und Tafeln ausgestattet – das Schulgebäude zählt jetzt 9 Klassenräume und 4 behelfsmäßige Klassenräume. Der Baderaum kann nur im Sommer benutzt werden.

Durch Abstimmung der Elternschaft wird die Diesterwegschule eine „Christliche Gemeinschaftsschule".

Zu Beginn des Schuljahres wird jede Klasse mit einem Kreuz ausgestattet, nachdem in der Nazizeit die Kreuze entfernt worden waren.

21. Juni Währungsreform.

Ende des Jahres werden 647 Schulkinder unterrichtet, Ahlen hat 33.381 Einwohner, darunter 2.466 Evakuierte und 3.119 Vertriebene.

1949: Richtfest über dem Neubau des Ostflügels und Entfernung des Luftschutzbunkers.

Ende des Jahres werden 747 Schulkinder unterrichtet. Ahlen hat 33.732 Einwohner, darunter 2.098 Evakuierte und 4.149 Vertriebene.

1950: Juni: Einzug der Klassen in den Ostflügel. Das Dachgeschoss wird zu einem Festraum mit Bühne ausgebaut - Fassungsvermögen 200 Personen.

Das frühere Bad im Erdgeschoß des Mittelteils erhält eine Kücheneinrichtung.

Im Juli und August wird die gesamte Schule renoviert. Die einzelnen Klassenräume erhalten Städtenamen deutscher Großstädte. Der Festraum erhält den Namen der Bundeshauptstadt „Bonn".

Wegen Mangel an Heizungsmaterial „verlängerte" Weihnachtsferien vom 18.12.1959 – 18.1.1951.

Ahlen wird „schulfreudige Stadt" genannt. Die Diesterwegschule ist die „besteingerichtete Schule im Kreis Beckum" (Schulrat Kunst).

766 Kinder (368 Knaben/398 Mädchen), darunter 121 Flüchtlinge, besuchen die Schule - Ende des Jahres unterrichten 15 Lehrkräfte an der Schule.

Die Lehrmittel der Schule sind durch die Belegungen in der Kriegs- und Nachkriegszeit zum größten Teil zerstört worden. Der noch brauchbare Rest beträgt etwa 5 % des ehemaligen Bestandes. Der Bestand der Schülerbücherei beträgt nunmehr wieder 260 Bände, die Lehrbücherei enthält wieder 127 Bände (gegenüber etwa 20 Bänden im Jahre 1945).

Ahlen hat 33.135 Einwohner.

1951: Der Rektor der Schule, Heinrich Lenfert, wird in der Sitzung des Rates der Stadt am 09.03. zum (ehrenamtlichen) Bürgermeister gewählt.

Zu Beginn des Jahres müssen die Ferien wegen Kohlemangel verlängert werden

Am 9.1. werden alle Lehrkräfte durch Schulrat Kunst im Raum „Bonn" auf die neue Verfassung des Landes Nordrhein-Westfalen vereidigt.

In der neu errichteten Küche wird Kochunterricht eingeführt, ein Naturlehreraum wird eingerichtet.

Auf Initiative des Bürgermeisters der Stadt Ahlen und Rektors der Diesterwegschule, Rektor H. Lenfert, wird mit dem Bau eines Schullandheimes in Winterberg begonnen.

In der Schule werden 754 Schulkinder unterrichtet, Ahlen hat 34.216 Einwohner.

1952: Am 23.8. wird das neu errichtete Schullandheim „Haus Ahlen in der Büre" und am 2.10. die Freiligrathschule eingeweiht.

1953: Februar: Grippeepidemie – die Schule wird für 9 Tage geschlossen

Vor 80 englischen „Besatzer-Kindern" spielen Schulkinder der Diesterwegschule in englischer Sprache das kleine Theaterstück „The Year Around" vor.

Der Bestand der Schulbücherei beträgt 543 Bücher.

In der Schule werden 762 Schulkinder unterrichtet.

1955: Die Diesterwegschule wird ab 1.4.1955 in 2 Rektorate (Unterstufe 1.-4. Jahrgang und Oberstufe 5. – 8. Jahrgang) aufgeteilt, Rektor des Systems B wird der bisherige Konrektor Hans Schröder, in der Schule werden 662 Schulkinder unterrichtet.

1957: Heinrich Lenfert, Rektor der Diesterwegschule und ehrenamtlicher Bürgermeister der Stadt Ahlen verstirbt am 17.8.1957.

In der Schule werden 731 Schulkinder unterrichtet.

1958: Mit Beginn des Schuljahres übernimmt Rektor Niemeyer – bisher Freiligrathschule - die Leitung des Systems A.

1959: Hitzewelle. Die Trinkwasserversorgung ist ernstlich gefährdet.

Mit Wirkung vom 9.6.1959 ernennt die Schulabteilung Konrektor Rath zum Rektor des Systems A, Konrektor wurde Hr. Schmiele.

In der Schule werden im System A 341 und im System B 379 Schulkinder unterrichtet.

Ahlen hat 38.893 Einwohner.

Durch die verstärkte Bautätigkeit im Ostenstadtteil und dem damit verbundenen Anwachsen der Bevölkerung ist das Gebäude der Diesterwegschule, in dem zwei Volksschulen (Diesterwegschulen A u. B) untergebracht sind, zu klein geworden. Die Raumnot an der Diesterwegschule führt zu unhaltbaren Zuständen. Die SPD-Fraktion im Rat der Stadt stellt 1962 den Antrag, auf dem stadteigenen Gelände gegenüber der Glückauf-Kampfbahn – heute Wersestadion genannt – an der August-Kirchner-Straße einen Schulneubau zu erstellen, in dem die Diesterwegschule B als Gemeinschaftsschule ausgelagert werden soll.

Nach langen Debatten …. wurde u. a. entschieden:

b) Die Diesterwegschule B erhält einen Neubau an der August-Kirchner-Str. (8 Klassen mit Erweiterungsmöglichkeit auf 12 Klassen)

Der Bau der Diesterwegschule B wird nach Planungen des Architekten Genderka in den Jahren 1963-1965 erstellt, die Baukosten betragen mit Einrichtung ca. 1,6 Mill. DM.

1965: Mit Beginn des Schuljahres 1965/66 beziehen 337 Schüler/-innen, in 9 Klassen aufgeteilt, das 8-klassige Schulgebäude. Schulleiter und Rektor wird der bis dahin an der Diesterwegschule A amtierende Konrektor Georg Schmiele – die Schule erhält den Namen Friedrich-Ebert-Schule.

Das Gebäude an der Schachtstraße wird nunmehr von der (bisherigen) Diesterwegschule A allein benutzt und jetzt wieder Diesterwegschule. Sie hat wesentlich mehr Räumlichkeiten als vorher. Naturlehre-, Nadelarbeitsraum und ein größeres Lehrmittelzimmer konnten geschaffen werden. Der Betrieb ist trotz der 464 Kinder aufgelockert.

1966: Die Einführung des 9. Pflichtschuljahres und Verlegung des Schuljahresbeginns von Ostern auf den Herbst bringt ein sog. (1.) Kurzschuljahr

Die Diesterwegschule erhält – bis auf eine Zwischenepisode mit provisorischem Turnunterricht in einer Schulbaracke im 2. Weltkrieg - nach 52 Jahren (endlich) eine eigene Turnhalle – Architekt Heinz Wiesing

1967: 2. Kurzschuljahr (1.12.1966 – 31.7.1967)

1968: Im Jahre 1968 wird durch den Landtag NRW das Volksschulwesen neu geordnet. Mit Beginn des Schuljahres ab 01.08.1968 erfolgt eine Trennung der bisherigen Volksschulen in Grund- und Hauptschule. Die Schülerinnen und Schüler der Jahrgänge 5 bis 8 werden künftig in eigenständigen Hauptschulen unterrichtet. Die Diesterwegschule wird Gemeinschafts-Grundschule und die Schulbezirke werden neu geordnet – das Gebäude der Josefschule kommt als Nebengebäude zur Overbergschule.

1970: In der Diesterwegschule nimmt die Zahl der Kinder ständig zu. Immer höher wird der Anteil von Kindern ausländischer Arbeitnehmer. Hier sind es besonders die Türken, die als Bergleute an der Zeche Westfalen arbeiten

1971: Die Diesterwegschule erhält einen Schulkindergarten

1975: Einrichtung türkischer Übergangsklassen

1981: Die Diesterwegschule ist eine der wenigen Grundschulen in Nordrhein-Westfalen, die für einen Versuch „Spielmittel in der Grundschule" ausgewählt werden.

1984: Zur Erweiterung der Schule zu einer vierzügigen Grundschule wird ein Anbau errichtet - mit Ablauf des Schuljahres 1983/84 sind die An- und Umbauarbeiten abgeschlossen.

Zum Ende des Schuljahres wird Rektor Heinz Rath in den Ruhestand versetzt.
Neuer Schulleiter wird der in Oelde tätige Rektor Horst Glaß. Wegen einer schweren Operation kann er die Schulleiterstelle aber erst am 19.2.1985 antreten.

In der Schule werden 290 Schüler unterrichtet.

2004: Die Schule wird offene Ganztagsschule. Frau Petra Braach übernimmt die Leitung der Schule.

2005 und 2006 werden wieder Renovierungsarbeiten durchgeführt: alle Fenster werden ausgetauscht und Fassade und Dach werden saniert.

2008: In der Schule werden in 11 Klassen 209 Schülerinnen und Schüler unterrichtet.

Ahlen hat Einwohner 54.714 Einwohner, davon 6.513 ausländ. Einwohner.

Quellen:

Chronik der Diesterwegschule, Bd. 1 und 2
Chronik der Diesterwegschule B
Chronik der Südenschule
Ahlener Volkszeitung
Ahlener Monatsschau
Stadt Ahlen, Stadtverordnetenprotokolle 1913 - 1921
Stadt Ahlen Magistratsprotokolle 1913 - 1918

Christian Wolff, Jahrgang 1983, arbeitete bereits als Schüler nebenamtlich für die Zeitung. Er legte auf dem St. Michael-Gymnasium sein Abitur ab und begann schließlich ein Volontariat zum Redakteur. Seit dem Jahr 2002 ist er bei der „Ahlener Zeitung" festangestellt. Seine Vorliebe für Stadtgeschichte pflegt er unter anderem als Vorstandsmitglied im Heimatverein Vorhelm. Außerdem betätigt er sich als ehrenamtlicher Chronist im Allgemeinen Schützenverein der Hellbachgemeinde. Wolff ist Mitautor des Heimatbuches „500 Jahre Tönnishäuschen" (1999) und brachte, basierend auf einer Zeitungsretrospektive, den Bildband „Ahlen damals und heute – Stadtansichten im Wandel der Jahrzehnte" (2007) heraus. Die Bildpaare dienten auch als Vorlage mehrerer Ausstellungen.

Jürgen Rheker, Jahrgang 1948, stammt aus Rheda-Wiedenbrück. Mitte der 60er Jahre begann er seine Ausbildung bei der Stadt Ahlen. Sowohl Stadt als auch Arbeitsplatz blieb er treu. Inzwischen städt. Oberverwaltungsrat, pflegt Rheker seine Forschungen zur Ahlener Stadtgeschichte. Beiträge in heimatlichen Schriften, Veröffentlichungen zum 100-jährigen Bestehen des Alten Rathauses, zur Galerie der Bürgermeister und dem 110-jährigen der „Ahlener Volkszeitung" zeugen von seiner Leidenschaft. Zuletzt erarbeitete er eine Bibliographie der Stadt Ahlen.

Ilse Waltraut Blomberg, geb. Marks, Jahrgang 1942, besuchte die Diesterwegschule von 1948 bis 1956. Nach den acht Volksschuljahren besuchte sie zwei Jahre die Kreishandelsschule in Ahlen.
Von 1959 bis 1962 nahm sie an Praktika und Unterricht der Fachschule für Gemeindepflege und Katechetik in Düsseldorf teil. Nach dem Examen in Düsseldorf wurde sie in Herne eingesetzt. Hier unterrichtete sie von 1962 bis 1965 als Religionslehrerin an zwei Herner Volksschulen. Von 1965 bis 1968 studierte sie an der Pädagogischen Hochschule in Dortmund. Nach dem Staatsexamen unterrichtete sie 1 Jahr in Herne und seit 1969 in Ahlen.
Ilse Blomberg ist als Autorin von Alltagsgeschichten bekannt und liest seit über 10 Jahren ehrenamtlich in verschiedenen Einrichtungen und Gruppen. *www.ilseblomberg.de*